MÉMOIRE

SUR

ROSCELIN

DE COMPIÈGNE

ET LE NOMINALISME

Présenté à la Société historique de Compiègne

PAR

M. LEFEBVRE SAINT-OGAN

COMPIÈGNE

IMPRIMERIE A. MENNECIER ET Cie

17, Rue des Petites-Ecuries, 17.

MDCCCLXXXII

MÉMOIRE

SUR

ROSCELIN

DE COMPIÈGNE

ET LE NOMINALISME

Présenté à la Société historique de Compiègne

PAR

M. LEFEBVRE SAINT-OGAN

COMPIÈGNE

IMPRIMERIE A. MENNECIER ET Cie
17, Rue des Petites-Ecuries, 17.

MDCCCLXXXII

MÉMOIRE
SUR
ROSCELIN
DE COMPIÈGNE
ET LE NOMINALISME

Présenté à la Société historique de Compiègne

PAR

M. Lefebvre Saint-Ogan

Messieurs, je dois tout d'abord m'excuser de revenir sur un sujet qu'un membre de la Société historique a déjà traité. Il faut vous prendre de ce qu'il y a là de téméraire, à la connaissance imparfaite qu'avait un nouveau venu de la liste de vos travaux et non à son ambition de pouvoir encore glaner quelque détail inédit, dans une question, sur laquelle il vous a été apporté une moisson relativement si ample de faits et de documents.

J'avais achevé mon mémoire, quand par l'obligeance de M. le secrétaire, j'ai eu communication de l'étude de M. du Lac sur Roscelin. Je n'ai pas dit cependant que mon siège était fait ; historien plus consciencieux que l'abbé de Vertot, j'ai mis à profit les renseignements nouveaux qu'on m'apportait...

On a beau avoir le respect du passé, on est tenté de railler un peu le Moyen-Age sur quelques-uns de ses grands sujets de discussion. Les querelles parfois sanglantes de l'école sur le point de savoir si c'était l'homme ou l'humanité qui apprenait la théologie, qui donnait ou recevait des gourmades, nous semblent singulièrement puériles et les réalistes qui accordaient l'existence à un éléphant abstrait, nous font sourire. Il nous semble être loin de cette philosophie tatillonne qui, suivant le mot de Pétrarque, savait combien le lion a de poils à la tête, l'épervier de plumes à la queue...

Mais cette maturité intellectuelle qui nous permet de prendre en pitié les jeux de l'esprit humain en son enfance, à quoi la devons-nous, sinon précisément à la Scolastique, pour une large part ?... On dédaigne aussi le collège et ses exercices, quand on les a quittés. C'est par eux pourtant qu'on a appris à leur devenir supérieur. Les six siècles de dialectique ont été les classes de grammaire de l'esprit humain. Pour moi, c'est à eux, c'est à leur gymnastique intellectuelle que j'attribue le plus clair et le meilleur de notre héritage national : l'esprit français et la langue française.

Nulle part, la dialectique n'a été maniée avec plus de perfection qu'en France ; de sa méthode viennent les habitudes de netteté et de précision de l'esprit français. Nulle part non plus, la langue du syllogisme n'a été aussi bien ni aussi universellement parlée qu'en ce pays ; c'est d'elle que la langue française a emprunté l'ordre et la logique dans la construction ; la concision et la netteté dans l'expression de la pensée. Le syllogisme réduit et enchaine les propositions sous une certaine forme ; il les serre et les presse sous un regard de l'intelligence. N'est-ce pas la façon dont procède notre esprit ? N'est-ce pas l'arrangement de la phrase française ?

Je ne perds pas de vue mon sujet, Messieurs, en vous parlant de la scolastique et je ne prétends pas sortir du cadre local que vous avez assigné à vos études. C'est que la scolastique est un peu de Compiègne ; Roscelin en créant le nominalisme a été un des fondateurs de cette philosophie.

Au xie siècle, l'Université de Paris n'avait pas encore absorbé toute l'activité intellectuelle du pays et il existait sur différents points des écoles renommées. Un bénédictin de Cluny, Raoul Glaber, a poétiquement caractérisé dans sa *Chronique* cette sorte de Renaissance chrétienne, succédant à la rudesse du xe siècle, et qui couvrait notre sol de fondations pieuses : « Il semblait, dit-il, que le monde secouât ses vieux vêtements pour revêtir la robe blanche des églises. » Par son abbaye de Saint-Corneille qui possédait une chaire de théologie et de philosophie, Compiègne était alors une des villes où les études étaient le plus florissantes. La faveur dont jouissait l'abbaye, les reliques qu'elle possédait, les livres provenant de son trésor que Charles-le-Chauve lui avait légués, la prédilection de l'Empereur et des rois ses successeurs pour cette ville dont ils voulaient, au dire de Lambert de Ballyhier, faire l'Aix-la-Chapelle d'un empire de Neustrie ou plus exactement peut-être, une Constantinople d'Occident, comme semble l'indiquer ce nom de Carlopole qu'ils lui avaient donné, calqué sur celui de la cité de Constantin, tout cela attirait à Compiègne un nombreux concours de maîtres et d'écoliers. Presque tous les hommes éminents de l'époque y ont séjourné : Adhélard de Bath, Pierre de Cluny, Guillaume de Champeaux, Roscelin. Renouvelant la coutume des disciples d'Aristote avec ses doctrines, ils erraient dans nos campagnes, parmi les coteaux couverts de vignes des bords de l'Oise, sous les ombrages déjà séculaires de la forêt. Eux aussi ont habité Compiègne; mais nous n'avons pas d'eux, hélas, comme de ce berger du tableau de Poussin, une pierre gravée qui les rappelle à notre souvenir !...

Faute de vestiges qui nous aident à en reconstituer le caractère et la physionomie, le temps dans lequel ils ont vécu nous apparaît comme une région déserte et vague, où l'on n'entrevoit, enveloppées dans une brume grisâtre, que des figures sans consistance et sans relief.

Je ne parviendrai pas à dégager celle de Roscelin de cette obscurité. Les documents sur sa vie et sur ses doctrines sont particulièrement rares. Où il est né ; où il est mort, on ne le sait pas. Les annales d'Aventin et celles de Saint-Benoit, s'accordent à lui donner la Bretagne pour patrie, tandis que M. Hauréau dans la *Nouvelle Bibliographie générale* le fait naître à Compiègne. Selon lui, Roscelin n'aurait jamais été chanoine de Compiègne et la dénomination de *Roscelinus Compendiensis* et de *Roscelinus de Compendis* qui lui est donnée dans les anciennes chroniques ne peut s'expliquer que par son origine.

M. du Lac a combattu victorieusement cette opinion. Pour admettre la conclusion de M. Hauréau, il faudrait d'abord qu'il fut bien établi que Roscelin n'a jamais été chanoine à Compiègne. Or, la *Nouvelle Bibliographie générale* se fonde uniquement sur la découverte faite à la bibliothèque de Munich, d'une lettre sans adresse ni signature, mais qu'on a de bonne raisons de croire écrite par Roscelin à Abélard et dont l'auteur se donne comme chanoine de Besançon. M. du Lac a détruit cette interprétation en faisant remarquer qu'Abélard étant de beaucoup plus jeune que Roscelin, c'est dans sa vieillesse seulement que Roscelin a pu lui écrire pour lui rappeler, comme il le fait dans cette lettre, qu'il avait été son maître *a puero usque ad juvenem*. La lettre d'ailleurs a été adressée à Abélard dans une polémique engagée entre l'ancien disciple et le maître, à propos du traité d'Abélard sur la Trinité dont la publication est de 1120 environ, tandis que l'on a toujours placé le séjour de Roscelin à Compiègne, à une date antérieure à 1092 ou 1093, époque où ses doctrines ont été condamnées par un Concile. Le fait qu'il ait été chanoine de Besançon dans sa veillesse, n'exclut pas du tout la possibilité qu'il l'ait été de Compiègne, dans sa jeunesse.

On n'a pas à s'étonner de voir signaler la présence de Roscelin en tant de lieux divers, comme Compiègne, Tours, Chartres, Loches, Besançon, l'Angleterre, la Bourgogne, quand on sait la vie voyageuse que menaient les théologiens de ce temps-là. Bayle nous les montre, allant par monts et par vaux, lançant de toutes parts le syllogisme et cherchant à la manière des chevaliers errants qui rompaient des lances en l'honneur des dames, à signaler leur dialectique contre une thèse.

Tout jeune, Roscelin avait débuté par être clerc à la cathédrale de Chartres; c'est de là qu'il passa en qualité de chanoine à l'abbaye de Saint-Corneille à Compiègne, où il devint écolâtre. On peut conjecturer que Jean-le-Sourd, son maître, qui était, dit-on, médecin du roi Henri Ier, obtint pour lui ce canonicat de la protection royale. Roscelin devait être en effet son disciple favori, autant par sa subtibilité d'esprit que par l'ardeur avec laquelle il embrassait ses doctrines.

Ce Jean-le-Sourd appelé aussi Jean-le-Sophiste aurait été à proprement parler l'inventeur du Nominalisme ; mais, dit Cousin dans son introduction aux Œuvres d'Abélard, « l'auteur d'une opinion n'est pas celui qui la soupçonne le premier, mais celui qui lui donne son vrai caractère en l'appuyant sur des preuves nouvelles, en en tirant des développements nouveaux, surtout en la répandant parmi les hommes... » « Or, à tous ces titres, on ne peut mettre en doute, ajoute-t-il, que Roscelin ne soit l'auteur du nominalisme. »

Mais qu'était-ce que le nominalisme ? Il n'est pas facile de traduire en langage moderne Othon de Freisingen et Jean de Salisbury. Je crains bien de ne pas mettre dans mon exposé toute la perspicuité désirable et j'ai besoin pour m'encourager de me rappeler cette définition fantaisiste qu'on a donnée de la métaphysique : — « Lorsque ceux à qui on parle ne comprennent pas et que celui qui parle ne se comprend plus, alors c'est de la métaphysique. »

Des ouvrages de la philosophie antique, le Moyen-Age n'a connu jusqu'au 13ᵉ siècle que l'Organum d'Aristote et l'Introduction de Porphyre aux Catégories, traduites dans le latin de Boëce. Trois lignes de ce dernier livre posèrent le problème sur lequel nos écoles d'Occident devaient tant disputer : — « Je ne rechercherai pas, disait Porphyre, si les genres ou les espèces existent par eux mêmes ou seulement dans l'intelligence ; ni dans le cas où ils existeraient par eux mêmes, s'ils sont corporels, ou s'ils existent séparés des objets sensibles ou dans ces objets et en faisant partie... »

Platon avait admis un monde intellectuel, distinct des êtres tangibles : celui des idées, qu'il considérait comme les exemplaires éternels d'après lesquels Dieu a créé toutes choses.

Cette doctrine qu'avait combattue Aristote était remise en question par Porphyre et sa phrase sous une forme de prétérition, fit renaître la grande querelle du Platonisme et de l'Aristotélisme, cette double expression du dualisme de la nature humaine, sollicitée par l'idéal et par la matière ; elle fut le grain de blé fécond qui emblava de nouveau le champ de la philosophie longtemps en friche.

Roscelin se prononça hardiment contre l'existence de ces idées générales qu'on appelait les Universaux, de ces prototypes suprêmes et incréés, d'après lesquels les individus de chaque classe d'êtres auraient été faits. L'éléphant abstrait dont je parlais tout à l'heure et que les partisans des Universaux croyaient exister d'une manière réelle, sinon corporelle, Roscelin le nia. Les mots par lesquels nous exprimons des idées de genres et d'espèces, ne sont, disait-il, que des mots. Les genres et les espèces ne sont pas de réalités. Nous ne percevons que par les sens ; ils sont le criterium de l'existence de choses. Ce qu'ils nous font connaître est réel ; ce qu'ils ne nous montrent pas n'a pas de véritable existence. Nous voyons un éléphant ; nous ne voyons ni n'entendons, ni ne touchons cette collection d'individus de même espèce que nous entendons signifier lorsque nous disons abstraitement : l'éléphant est gros (*).

En résumé, il n'existe que des individus et des choses particulières et les Universaux n'étant, suivant Roscelin, que des conceptions de l'esprit, il en résulte que toute la réalité appartient aux choses individuelles d'après lesquelles ces conceptions se sont formées et à l'esprit qui les a formées. La raison, dit Kant, applique la forme à la matière comme le cachet donne son empreinte à la cire, puis elle croit voir comme existant dans les choses ce qui n'est réellement qu'en elle-même. C'est, je crois, la formule que cherchait Roscelin ; mais le chanoine de Compiègne a été le précurseur du philosophe

---

(*) C'est ce que dans la langue de la philosophie allemande contemporaine, on appelle un Concept, *Begriff* de *begreifen,* comprendre dans le sens de *comprehendere,* parce qu'il comprend dans une « représentation non sensible, abstraite, générale les formes collectives et universelles de la réalité sensible. » Schopenhauer. *Essai sur le Libre Arbitre.*

de Kœnigsberg. Il a fait comme dans la *Critique de la Raison pure*, le départ entre l'objectif et le subjectif.

Roscelin ne s'en tint pas au domaine de la métaphysique et de la philosophie. Il appliqua sa méthode à la théologie : c'est ce qui lui valut sa célébrité et ses malheurs.

Voici d'après l'*Histoire ecclésiastique* de Fleury, ce qu'enseignait l'écolâtre de Saint-Corneille : — « Il disait que les trois personnes divines étaient trois choses séparées comme trois anges ; en sorte, toutefois, qu'elles n'avaient qu'une volonté et qu'une puissance. Autrement il aurait fallu dire, selon lui, que le père et le Saint-Esprit s'étaient incarnés. Il ajoutait que l'on pourrait dire véritablement que c'étaient trois dieux, si l'usage le permettait. »

Du reste, encore d'après Fleury, Roscelin « disait pour s'autoriser, que Lanfranc, archevêque de Cantorbery, avait été de cette opinion et que c'était aussi celle d'Anselme, abbé du Bec. »

Saint Anselme était bien loin de cette opinion cependant, ainsi qu'il parut, lorsqu'il publia plus tard une réfutation de la doctrine de Roscelin. Il y proteste contre ce qu'il appelle « ses blasphèmes. » Il s'y élève contre « ces dialecticiens, hérétiques même en dialectique, qui prétendent que les universaux ne sont que des paroles ».... « Leur raison, continue-t-il, est tellement enveloppée dans les imaginations corporelles qu'elle n'en peut sortir et distinguer les objets qu'elle seule peut apercevoir. »

L'audace des doctrines de Roscelin fit, comme on le pense, un éclat fâcheux dans la chrétienté et vers 1089, Renauld, archevêque de Reims, s'occupa de convoquer un concile pour examiner les opinions qu'il professait sur la Trinité. Cette assemblée ecclésiastique eut lieu en 1092 ou 1093. Quelques historiens ont prétendu qu'elle fut tenue à Compiègne ; mais le plus grand nombre sont d'accord pour la placer à Soissons. On peut du reste concilier les deux opinions en adoptant la version de M. Pécoul qui admet deux réunions d'évêques pour le même objet, la première à Compiègne où aurait eu lieu la procédure, la seconde à Soissons, où le jugement aurait été prononcé. « Il est arrivé maintes fois, dit-il dans son mémoire inséré au Bulletin de la Société historique sur les *Assemblées conciliaires tenues à Compiègne,* que l'Eglise pour éviter des difficultés et prévenir des désordres, a transporté ses assemblées hors des lieux, où ceux qu'elle jugeait pouvaient avoir des partisans et où partant, leur condamnation aurait pu être une occasion d'émoi. »

Quoi qu'il en soit, Roscelin y fut condamné et il dut abjurer, non qu'il fut convaincu, observe Saint Anselme, mais par crainte au peuple, dont il courait risque d'être massacré. *Primùm vivere, deinde philosophari,* disait un proverbe usité dans l'école.

Roscelin quitta l'abbaye de Saint-Corneille, Compiègne et la France, pour se réfugier en Angleterre, où il déclara qu'il persistait dans son opinion. Il s'efforça même de la répandre et de lui gagner des prosélytes. C'est alors que Saint Anselme, passé de l'abbaye du Bec à l'archevêché de Cantorbery, lança contre lui le traité dont j'ai cité des passages.

Mais cette nouvelle condamnation ne troubla pas Roscelin dans l'orgueil de sa pensée.

Esprit austère d'ailleurs et d'une morale rigide, Roscelin ajouta bientôt de nouvelles haines à celles déjà nombreuses, qu'il avait assumées. Il se mit à prêcher la réforme de la discipline ecclésiastique en Angleterre, réclamant contre les désordres qu'il signalait, des mesures d'une grande rigueur. Un Français comme lui, Thibaut d'Etampes, qui enseignait à Oxford, prit la défense du clergé anglais dans une lettre à Roscelin ; mais cette sorte de réparation ne put calmer les fureurs que notre téméraire et infortuné compatriote avait soulevées. Il dut fuir à la hâte la vengeance dont on le menaçait et sa patrie lui devint un second lieu d'exil. Peut-être alla-t-il d'abord à Compiègne pour essayer d'apitoyer sur son sort ses anciens confrères, les chanoines de Saint-Corneille. Mais il ne réussit pas à se faire réintégrer dans ses droits et prérogatives.

Dans sa détresse, il écrivit à Yves, évêque de Chartres, son ami et lui demanda une petite place dans son église.

Le prélat était un homme circonspect apparemment. Quelque affection qu'il eut pour Roscelin, Yves ne se souciait pas de l'introduire dans son diocèse. On ne pouvait pas se fier à ce terrible homme avec son intempérance d'esprit et l'inquiétude brouillonne de son humeur...

C'était un hôte bien compromettant aussi que ce révolutionnaire de l'Eglise. Yves ne ferait-il pas suspecter sa propre orthodoxie en se montrant si accueillant pour l'hérétique? Et puis, l'arrivée de Roscelin n'irait pas sans une émotion populaire ; il ne répondait pas de l'ordre.

Yves dans la lettre qu'il écrivit à Roscelin pour le dissuader de venir à Chartres, lui fait part de ses craintes et insiste particulièrement sur ce dernier point. Il rappelle les dangers qu'a courus Roscelin à Soissons. Il lui dit qu'il n'est guère plus populaire à Chartres et que, s'il s'avisait d'y venir, on pourrait bien l'y recevoir à coups de pierres.

Roscelin n'insista pas sans doute. Dom Grenier nous le montre, arrivant à Paris, vers la mi-octobre 1097, où bientôt forcé par l'indigence et la faim, d'ordinaire moins bonnes conseillères, il publia sa rétractation. C'est alors sans doute qu'il fut pourvu d'une chaire en Touraine, ainsi que le mentionne la lettre de la bibliothèque de Munich. A Loches, il aurait eu Abélard parmi ses disciples et plus tard, il aurait été nommé chanoine à Besançon. C'est du moins ainsi, il me semble, qu'il faut entendre ce passage de la lettre adressée à Abélard : — « Sans doute, l'église de Tours, et l'église de Loches, où si longtemps tu t'es assis à mes pieds, le moindre des disciples de ton maître, et cette église de Besançon dont je suis un des chanoines, sont encore de ce monde ; or, toutes ces églises me respectent, m'honorent, et lorsque j'enseigne, prêtent une oreille attentive à mes paroles. »

Roscelin ne cite pas Compiègne au nombre des villes dans lesquelles il a enseigné et qu'il énumère à Abélard comme autant de références en faveur de son orthodoxie. Il n'en faut rien conclure cependant pour la thèse de M. Hauréau que j'ai exposée plus haut et d'après laquelle Roscelin n'aurait pas été chanoine de Compiègne. Roscelin en effet ne pouvait appeler en témoignage une église qu'il avait quittée depuis trente ans et où il ne restait peut-être aucun de ses anciens confrères. D'ailleurs, l'abbaye de Saint-Corneille était précisément de toutes les collégiales par lesquelles il avait passé, celle qu'il avait le moins édifiée par sa soumission aux décisions de l'Eglise. Roscelin se contente de prouver que depuis son abjuration, on ne peut l'accuser d'avoir soutenu aucune proposition hérétique.

La polémique dont cette lettre est une des pièces, avait, ainsi que je l'ai dit, été engagée entre Roscelin et Abélard, à propos du traité de ce dernier sur la Trinité, que Roscelin avait dénoncé à l'évêque de Paris. Elle est, avec un mémoire contre Robert d'Arbrissel, tout ce que nous savons des dernières années de Roscelin.

Ces deux diatribes contre des collègues en théologie, par lesquelles il rompt le silence qui enveloppe sa fin, peuvent bien surprendre de la part d'un homme qui s'était montré pour son compte, si peu retenu dans l'interprétation des dogmes chrétiens. C'est là pourtant une contradiction dont les exemples ne sont pas rares et ce n'est pas toujours de ceux qui ont le plus erré, qu'il faut attendre la tolérance.

D'ailleurs Roscelin avait peut-être eu à souffrir lui aussi de l'intolérance des autres. C'était un cœur ulcéré. Nous ne connaissons ses doctrines religieuses que par les réfutations qu'en ont faites ses ennemis. Il a pu être calomnié. Les réalistes accusaient volontiers les nominalistes d'hérésie. Bayle rapporte à propos de Jean de Wesalia, ce passage d'un anonyme qui rédigea le procès-verbal de sa condamnation : « C'est le diable qui a semé la zizanie entre les théologiens et les philosophes et qui les a tellement aliénés les uns des autres que si quelqu'un nie la réalité des universaux, on s'imagine tout aussitôt qu'il pèche contre le Saint-Esprit, et qu'il offense mortellement la Divinité, le Christianisme, la Justice et la République. »

Roscelin est peut-être une victime des réalistes.

Aussi bien, qu'il ait ou non professé les

doctrines théologiques qu'on lui attribue et quelque jugement du reste qu'on puisse porter sur ces mêmes doctrines, il faut pardonner à Roscelin en faveur de l'ardent amour avec lequel il a cherché la vérité. Si quelques-uns peuvent le blâmer d'avoir indiscrètement porté son esprit d'investigation dans des choses qui sont hors du domaine de la raison, on doit reconnaître qu'il a et jusque par ses erreurs, contribué au progrès de la philosophie. On peut lui appliquer le vers de Martial :

Si non errasset, fecerat ille minùs.

COMPIÈGNE — IMPRIMERIE A. MENNECIER ET Cie
rue des Petites-Ecuries, 17.

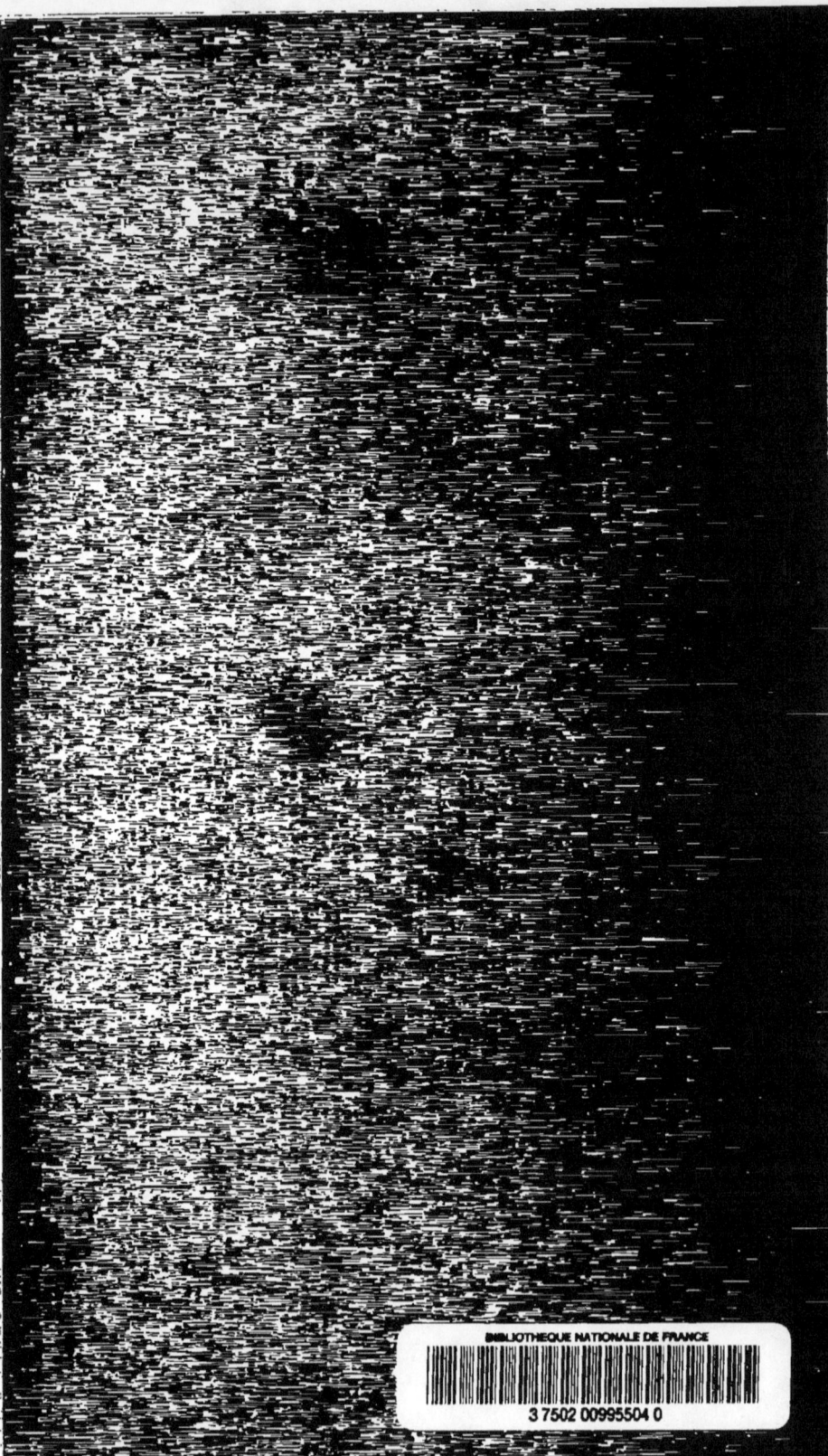

www.ingramcontent.com/pod-product-compliance
Lightning Source LLC
Chambersburg PA
CBHW061018050426
42453CB00009B/1520